L'Escrime

à travers

les Ages

LE CYCLE DE L'ÉPÉE

BRUXELLES

J. LEBÈGUE ET Cie

46, RUE DE LA MADELEINE

L'ESCRIME

A TRAVERS LES AGES

LE CYCLE DE L'ÉPÉE

L'ESCRIME

A TRAVERS LES AGES

HISTOIRE VIVANTE DE L'ÉPÉE

EN DIX TABLEAUX ÉPISODIQUES

LIVRET DE M. GEORGES EEKHOUD

Prologue en vers — Le Cycle de l'Épée — de M. Félix HECQ

*Musique de MM. Danneau, De Boeck,
Arthur De Greef, Dubois, Frémolle, Gilson, Lunssens, Samuel*

ESCRIMEURS :

MM. le capitaine HUTTON, le capitaine CYRIL MATTHEY, le lieutenant E. STENSON COOKE, le lieutenant F.-H. WHITTOW, GATE et JOHNSON de la *London Rifle Brigade*, M. G. ROULEAU, Madame et M. GABRIEL, de Paris; CHALLE et SELDERSLACH, professeurs au *Cercle d'escrime*; des élèves de l'École normale d'escrime sous la direction de M. le capitaine MEISER.

ORCHESTRE DU THÉATRE ROYAL DE LA MONNAIE

Chœurs chantés par l'OCTUOR VOCAL BELGE

BRUXELLES

J. LEBÈGUE & Cⁱᵉ, IMPRIMEURS-ÉDITEURS

46, RUE DE LA MADELEINE, 46

COMITÉ ORGANISATEUR :

MM. DE BEISTEGUI, secrétaire de la Légation du Mexique,
    membre du Cercle d'Escrime;

    DEN DUYTS, artiste peintre;

    DUPONT, directeur de la salle d'armes des chasseurs
    belges;

    FIERLANTS, président du Cercle d'Escrime;

    HAVENITH, de Contich;

    HERREMANS, artiste peintre, membre du Cercle d'Es-
    crime;

    HUYTTENS de Terbecq, capitaine commandant,
    membre du Cercle d'Escrime;

    LE BOURGUIGNON, artiste peintre, membre du Cercle
    d'Escrime;

    MEISER, capitaine commandant de l'École normale
    d'Escrime;

    CH. RUELENS, avocat, membre du Cercle d'Escrime.

COMITÉ DE LA PRESSE :

MM. Lemaire, de l'*Étoile belge*, président; Maillé, du *Courrier de Bruxelles*, vice-président; Mahute, de la *Liberté*, trésorier; Deneive, du *Journal de Bruxelles* et Reding, de la *Chronique*, secrétaires; Bertrand, du *Peuple;* Hoste, du *Laatste nieuws;* V. Lagye, de l'*Indépendance;* Lorrand, de la *Réforme;* Monnier, du *Petit Journal belge;* Paternostre, du *Patriote;* Van Diest, du *Nieuws van den dag;* Van Zype, de la *Gazette;* membres.

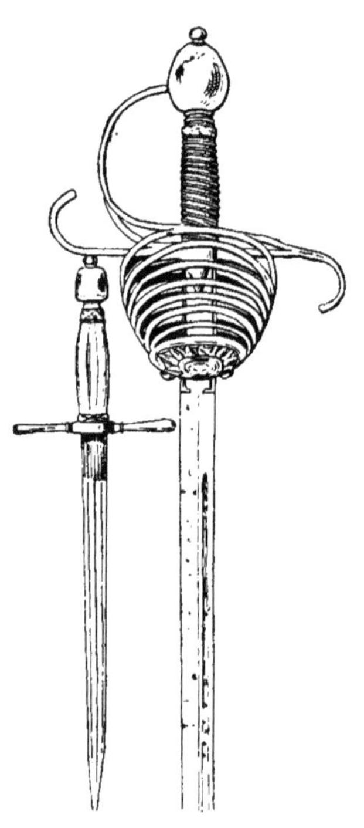

L'ESCRIME

A TRAVERS LES AGES

———

Corpo di Dio, signori! comme s'écrierait un matamore de la pétulante période italienne, en voilà un gros titre!

Quel programme, mes seigneurs!

Faire tenir en dix tableaux, — et pas trop longs ces tableaux — et suffisamment explicites et suggestifs ces tableautins demandés — les origines et les évolutions de l'escrime, vrai, la tâche n'était point des plus reconnaissantes pour ne point la qualifier d'ingrate.

Et d'abord à quelle ère commencer? Fallait-il remonter à l'âge de la pierre polie et présenter dans un corps à corps homicide deux troglodytes ou autres hirsutes habitants des cavernes ferraillant ou plutôt pierraillant de la dague ou du poignard en silex? Ne convenait-il pas de restituer quelques combats gymniques des Grecs aux jeux d'Olympie ou tout au moins une lutte de gladiateurs, à Rome, dans le Colysée ou le Circus Maximus?

Les organisateurs ont pensé non sans raison, que le combat à l'arme blanche ne différait pas essentiellement au moyen âge de ceux qu'on se livrait dans l'antiquité et ils se sont contentés de nous demander comme embryon de l'escrime, un « Jugement de Dieu sous les Mérovingiens. » Alors et longtemps après, l'accusé et l'accusateur prouvaient leur droit en champ clos. A proprement parler le duel d'aujourd'hui n'est qu'une forme très adoucie du Jugement de Dieu tel qu'on le comprenait au moyen âge. En bravant la supériorité d'adresse, de vigueur et de sang-froid d'un offenseur l'offensé ne s'en remet-il pas à la Providence du soin de le venger de cette offen-en-en-ence. (voir *Les Hugue-nots !*)

Les siècles de la féodalité prêtaient largement à une évocation de combats violents ou courtois, menés à grand fracas! Quelle abondance de tournois, de joutes à là quintaine, d'entreprises et de pas d'armes ! Et cela depuis la période légendaire racontée dans les Cycles et les chansons de Geste : chevaliers errants parcourant le monde en paladins de Jésus-Christ, défenseurs plus efficaces et surtout plus désintéressés de la veuve et de l'orphelin que les avocats d'aujourd'hui, libérateurs des belles tourmentées par des enchanteurs, des tarasques et des félons. Chaque contrée a son saint Georges.

Souvent, lorsque chôme l'extermination des fléaux, nos preux se mesurent, histoire de se dérouiller, dans des assauts épiques. Les éléments, les monts, les forêts assistent à des duels en quatre journées — quelque chose comme des tétralogies du glaive. C'est, par exemple, ce sublime combat, que se livrent Roland et Ollivier, l'épée Durandal contre l'épée *Sainte-Claire*, raconté avec une flamme homérique par Victor Hugo dans sa *Légende des Siècles.*

Après le moyen âge sombre et noir, après le lugubre
et pessimiste an mille, c'est la période des croisades
qui, imprégnée peu à peu de brillante civilisation sarra-
zine et mauresque, ajoute à la généreuse folie mystique
de la chevalerie occidentale un éclat moins farouche et
plus galant.

Au quinzième siècle, sous les ducs de Bourgogne,
florit ce qu'on pourrait appeler le moyen âge flamboyant
succédant aux styles sévères du roman et du gothique
pur. A la soif des mâles prouesses s'allie une volupté
de faste et de luxe. C'est une course entre barrières, un
tournoi perpétuel. L'Europe, pleine de joie athlétique,
représente une vaste lice. La Paix n'est tolérable
devant la bouillante humeur des grands vassaux et des
moindres bannerets, que lacée dans le harnois de joute,
casque au front, et remplaçant la branche d'olivier par
une lance mornée.

En ce quinzième siècle pourtant l'escrime n'a pas
encore ses règles. L'adresse, la vigueur, la loyauté et
l'honneur du chevalier en tiennent lieu. Quant à sa
façon d'attaquer et de riposter, de porter et de parer les
coups, le tout est laissé à sa fantaisie. Ce n'est guère
qu'au seizième siècle, à la Renaissance, que l'escrime
devient un art, même une science qui a ses maîtres et ses
professeurs. Ceux-ci furent d'abord des Espagnols, —
les importateurs de la rapière dans les autres pays de
l'Europe — et des Italiens qui furent attirés en France
et en Angleterre.

Circonstance assez piquante constatée par les histo-
riens, l'escrime proprement dite est un art d'origine
roturière. En effet les gentilshommes ne s'y adonnèrent
sérieusement que lorsqu'ils eurent renoncé aux cuirasses

et aux armures. Tandis que le fantassin, le négligeable
maraud, n'ayant pour se protéger que ses armes, souvent
un simple bâton, avait appris à s'en servir adroitement
non seulement pour porter mais aussi pour parer les
coups.

On se bat surtout à la rapière ; longtemps, toutefois,
on joue en même temps de la rapière et de la dague.
Les combats deviennent plus nombreux et plus meurtriers que jamais. Des causes futiles, amènent des
rencontres sanglantes dans lesquelles on se découd trois
contre trois.

L'art ayant progressé on dépêche son adversaire plus
rapidement et plus proprement qu'autrefois. L'adresse
commence même à suppléer le courage. Souvent inter-
viennent les bottes secrètes et les coups félons. C'est
l'époque des duellistes de profession, des spadassins,
des bravi et des coupe-jarrets, monde dans lequel il
arriva aux escrimeurs de recruter leurs maîtres.

Le xviiie siècle nous amène la fameuse école des
Angelo, avec ses poses et ses saluts, ses coups de chapeau, puis, nous entrons, par l'époque de l'Empire —
où l'on s'escrime surtout au canon — et de la Restauration dans la période contemporaine. L'école moderne
abandonnant les affectations de l'école d'Angelo, a
porté l'escrime à une sorte d'apogée classique. Tout le
monde se bat si bien, si sévèrement, avec tant de courtoisie et d'honnêteté, que les duels, même meurtriers,
ne sont jamais acharnés. On dirait plutôt de prétextes
à assauts un peu plus sérieux que les autres.

La salle d'armes est devenue une école de main-
tien, de savoir-vivre. Le cercle d'escrime est le plus
hygiénique — qu'on nous passe ce vilain mot — des

clubs — Nous dirons même que dans beaucoup de cas ce milieu-là est préférable au salon cauteleux et policé. L'esprit de l'épée est généralement plus charitable que celui de la langue. Même démouchetée l'épée blesse moins profondément que l'épigramme. Puis à l'escrime, on se mesure toujours face à face, tandis que la conversation salonnière déchire surtout les absents. Donc, quelque paradoxale que paraisse cette assertion, on peut avancer que rien n'adoucit les mœurs, ne rend humain, généreux et pacifique comme la science et la pratique de l'épée.

GEORGES EEKHOUD.

PROLOGUE

LE CYCLE DE L'ÉPÉE

Un soir que sur la table opulemment servie
Don Diego, se mourant de haine inassouvie,
Avait laissé tomber entre ses doigts tremblants
Son front blême où saignait parmi les cheveux blancs,
L'outrage de Gomez, l'inoubliable injure
Qui rougissait la chair ainsi qu'une brûlure,
Tandis que l'écuyer, morne, silencieux,
Se détournait, pour ne point voir pleurer ces yeux,
Un homme, tout à coup, se dressa sur la porte,
Qui s'écria : Bénis, mon père, qui t'apporte   [mort!
La vengeance et l'honneur... — Tiens, vois, Gomez est

Cet homme était Rui Diaz, le Cid Campéador.

Dans sa main grimaçait une tête sanglante
Dont la bouche, naguère au vieillard insolente,
Avait perdu la langue aux propos imprudents
Et n'offrait plus qu'un trou hideux, entre les dents.

Sur un plat de vermeil Rui Diaz jeta la tête
Tandis que, ne pouvant point croire à telle fête,
Don Diego, l'œil brillant, allait, transfiguré,
Du héros triomphant, au visage exécré.
Puis, le père forçant le fils à prendre place,
Ils dînèrent ainsi devant l'horrible face.
Et Diego, ce soir-là, montra grand appétit.

De son front radieux le rouge était parti.

C'était le temps, alors, des barbares tueries ;
Godefroy le Croisé dans les rouges féeries
De l'Orient vaincu, sans que rien l'arrêtât,
Poursuivait, surhumain, sa marche au Golgotha ;
Ce n'était plus, partout, que tragique épopée
Que le héros signait du nom de son épée,
Tandis qu'Altabizcar répercutait encor
Le choc de Durandal et la plainte du cor.

Enchemisés d'acier, grands comme ceux d'Eschyle,
Eviradnus-Hector et Duguesclin-Achille
Et Bayard et Chandos, et tous ceux de ces temps
Sont moins les premiers preux que les derniers Titans.
O les dégénérés et les nains que nous sommes
Auprès des chevaliers, des formidables hommes
Que cet âge de fer, la Féodalité,
Coula dans son creuset pour l'immortalité !

Temps d'aveugle vertu, de justice naïve,
Où sur congé transcrit par quelque main massive,
Les seigneurs, de la lance, et les serfs, de l'épieu,
Encouraient en champ clos le jugement de Dieu !
La grande épée à mains, les fléaux et les masses
En l'honneur du Bon Droit labouraient les cuirasses
Jusqu'à l'heure où, râlant sous l'épais gorgerin,
Le vaincu fût couché dans son linceul d'airain !

Bardés de fer et d'or, ces héros magnifiques
Qui dans les grands combats, les corps-à-corps tragiques,
S'accordaient un répit, étant las de férir,
Ces chevaliers croyaient ne point devoir mourir,
Lorsqu'un jour — le Destin n'aime point qu'on s'abuse —
Un manant les tua d'un seul coup d'arquebuse...

O quel cri, ce jour-là, d'impuissante fureur !
Cri de lion blessé, cri de sauvage horreur !
On pensa que le diable en sa noire industrie
Avait livré bataille à la chevalerie
Et qu'il fallait céder à l'esprit infernal
La chemise de fer et le joug féodal.

Et voici bientôt que l'épée,
Le massif et terrible estoc,
Se fait moins lourde et mieux trempée,
Plus alerte et moins rude au choc.
Durandal, que le diable guette,
— O paladins ! — devient coquette :
Sa pure gloire est sans plaisir ;
Confuse d'avoir été laide,
Un jour elle a fui vers Tolède
Où l'on s'en va la dégrossir.

Maintenant, la rapière fauche
Et de son art encor grossier
La dague preste, en la main gauche,
Dépiste le lourd jeu d'acier.
Provoquante et presque civile,
De Saragosse et de Séville
La Flamberge prend son essor ;
Et tandis que flambent les forges,
Le code fameux de Saint-Georges
Trace des statuts à la mort.

Ainsi naît la « Noble Science » ;
Le guerrier n'est plus un bourreau ;
Il entre un peu de conscience
Avec le fer, dans le fourreau.

L'art qui l'éclaire et la régente
Donne à l'épée intelligente
La verve et l'esprit d'Arouet ;
Et du salon jusqu'à l'auberge
Chacun se fait de la Flamberge
Un inséparable jouet.

Et c'est à qui cherchera noise,
Pour une carte, ou pour un dé ;
Durant trois jours Bussy d'Amboise
Se bat pour un chiffre brodé !
Vainement les édits font rage :
On ferraille, bravant l'orage,
Le Roy lui-même, quand il faut,
Et l'on s'égorge en pleine ville
Où Beuvron avec Boutteville
Narguent l'exil et l'échafaud.

La lame encor se fait plus grêle :
C'est moins une arme qu'un bijou
Et l'on en peut, tant elle est frêle,
Faire un cercle autour du genou ;
A ses surprises ennemies
En de doctes académies
On oppose des coups sournois,
Si jolis, si bien de leur âge,
Qu'ils vont, comme un marivaudage,
Piquer le cœur en tapinois !

Charmants duellistes à manchettes,
Marquis en habit de velours
Qui faisiez de doubles brochettes
Des ennemis et des amours,

Seigneurs poudrés aux gilets roses
Qui vous contiez d'aimables choses
Au choc du fer impatient,
Votre courtoisie était telle
Que sous le jabot de dentelle
La mort n'entrait qu'en souriant !

Il est lointain ce temps où l'on était prodigue
D'un sang pour qui la loi n'était point une digue
Et qui se dépensait comme un maravédis ;
Mais le progrès fait plus et mieux que les édits :
Le duel perd sans retour ses fervents et ses charmes
Et l'on ne se bat plus que dans les salles d'armes ;
C'est l'art seul qui préside, art magique, art exquis,
Art que nous envieraient nos maitres, les marquis ;
L'épée est presque un culte et l'art presque une Eglise :
Le fer entre les mains s'immatérialise,
Il questionne et saisit, devine et reconnaît,
Savant comme un rondeau, subtil comme un sonnet ;
Car la lame est surtout psychologue et poète ;
Ses joyeux cliquetis sont des rimes de fête ;
A la suivre, on se grise ainsi qu'avec des vers ;
On lui sent un esprit — la rouille étant ses vers, —
Son mouvant hypnotisme est sans oubli ni trêve,
Femme, elle vous séduit comme séduit un rêve...
Et lorsque des deux fers que l'art enorgueillit
Dans un suprême assaut l'étincelle jaillit,
On pense voir là-haut, en d'intangibles voiles,
Deux blancs rayons de lune éraflant les étoiles !

Félix Hecq.

PREMIER TABLEAU

UN JUGEMENT DE DIEU AU MOYEN-AGE

VIIe SIÈCLE

PREMIER TABLEAU

UN JUGEMENT DE DIEU AU MOYEN-AGE

VIIe SIÈCLE

PERSONNAGES :

LE ROI CHILDEBERT ; GUNTHER, chambellan ; RUPERT,
garde des forêts du roi ; ERIC, neveu de Gunther ; CHEVA-
LIERS, HÉRAUTS D'ARMES, SPECTATEURS, GENS DU
PEUPLE.

Dans le fond, un peu de côté, un château fort du temps ; avec
tribune où ont pris place le Roi et les Seigneurs.

LE HÉRAUT D'ARME (après une fanfare).

Au nom du Roi, notre Sire, faisons savoir à toute la
bonne et féale gent du royaume, que ce jour sont
appelés à combattre pour s'en remettre au jugement du
Dieu tout puissant, les sires Gunther de Boutellier,
chambellan, et Rupert d'Angis, garde des forêts. Le sire
Rupert ayant accusé le sire Gunther d'avoir occis un
buffle dans la forêt des Vosges et notre seigneur le Roi
ayant mandé devant lui l'accusé pour répondre de cette
violation du domaine royal, celui-ci a protesté de son
innocence. Confronté avec son accusateur le sire cham-

bellan a nié avec plus d'énergie encore, si bien que très marri de l'offense commise contre ses prérogatives souveraines, et désireux de la venger afin qu'exemple fût fait, le Roi ordonna que les sires Gunther et Rupert se combattraient en champ clos.

Sonnez fanfares ! (Sonnerie).

Oyez tous l'ordre suprême du roi et laissez passer la justice du seigneur Dieu! Et vous sires Gunther et Rupert présentez-vous!

(Le Roi se lève et frappe trois fois de son glaive le bouclier suspendu au-dessus de son trône.

Rupert se présente couvert de son armure et armé de pied en cap.

Il salue, fléchit le genou devant le trône et attend au milieu de l'arène.

Aussitôt après lui entre Gunther, un vieillard, en costume civil. Il s'appuie sur l'épaule d'un jeune homme, son neveu Eric).

Mouvement de surprise ou d'apitoiement dans la foule,
le Roi manifeste aussi son étonnement.

PLUSIEURS SPECTATEURS :

Le vénérable Gunther! Il n'a pu commettre l'offense dont on l'accuse !

D'AUTRES VOIX.

Rupert est son ennemi. Il a voulu le perdre !

VOIX.

Honneur à Gunther !

D'AUTRES.

Haro sur Rupert! C'est un félon! Il a menti !

LE HÉRAUT.

Silence! Dieu jugera! (fanfares).

GUNTHER à son neveu sur le devant de la scène.

Ainsi mon enfant tu persistes dans ton généreux et filial dessein.

ERIC.

Oui, je veux prendre votre place, mon oncle, plutôt mon père.

GUNTHER.

Cher enfant! L'arbre desséché désigné à la cognée du bûcheron, ne vaut pas qu'on fauche pour lui la fleur juvénile et radieuse!

ERIC.

Mon père, vous doutez de Dieu! Vous êtes innocent. Je le jure puisque vous l'avez juré. Donc ni l'arbre, ni la fleur ne périront. Dieu est juste!

GUNTHER.

Oui, tu as raison mon fils. Tu ne peux mourir. Ton ange gardien combattra à tes côtés. Ce Rupert est fort mais la conviction de mon innocence doublera ta vigueur. Il nous reste donc à obtenir le consentement de notre gracieux sire.

(Tous deux marchent vers le trône et fléchissent le genou.)

CHILDEBERT, (vaguement courroucé.)

C'est toi, Gunther. Tu connais notre royale volonté. Où sont ton armure et tes armes?

GUNTHER.

Sire, estimant les armes trop lourdes pour mon bras

et mon armure pour mon corps, ce jeune homme demande en grâce à Votre Majesté, de prendre ma place.

CHILDEBERT.

Quel est-il?

GUNTHER.

Mon neveu Eric, venu de la Franconie à la nouvelle de ma disgrâce.

CHILDEBERT.

Qu'il soit fait comme tu le désires et, si ton oncle a péché et menti, que Dieu ne te fasse pas trop cruellement expier sa faute!

> Sur un geste du Roi, Gunther se relève et prend place dans la tribune. Eric se retire.
> Après quelques instants durant lesquels on entend une musique martiale, il reparait armé comme Rupert.
> Le combat a lieu. Grands coups à grands fracas. Eric triomphe.

LA FOULE.

Noël! Noël! Vive Gunther! Honneur à Eric! Rupert est un félon! Dieu est juste! Dieu est grand!

> Le jeune Éric a couru vers la tribune. Il fléchit rapidement le genou devant le Roi qui s'est levé pour le féliciter, mais le jeune homme s'est déjà précipité dans les bras du chambellan qui accourait à sa rencontre. Acclamations. Fanfares.
> (Le rideau tombe.)

DEUXIÈME TABLEAU

LE SIRE JACQUES DE LALAING

A. D. 1447

DEUXIÈME TABLEAU

LE SIRE JACQUES DE LALAING

A. D. 1447

PHILIPPE LE BON ; LE SIRE JACQUES DE LALAING ;
LE DUC D'ORLÉANS ; THOMAS QUÉ, seigneur écossais ;
LE SIRE DE BEAUJEAN ; ADOLPHE DE CLÈVES,
seigneur de Ravenstein, le BATARD DE BOURGOGNE ; TOISON
D'OR, héraut d'armes.

Une lice dressée sur le marché à Bruges. Échafaud magnifique.
Noble appareil de chevalerie. Dames. Pages. A une des portes de
l'enceinte est la tente de messire Qué, d'étoffe de soie blanche et
verte. A la porte opposée est celle de Jacques de Lalaing, de soie
grise et cramoisie.

Au lever du rideau retentit une musique guerrière, ce sont des
marches entrainantes où dominent les fanfares. Lorsque la toile se
lève le riche cortège du duc de Bourgogne débouche sur la place.
A la fin du défilé entrent le duc de Bourgogne et le duc d'Orléans.

PHILIPPE LE BON.

Oui, mon beau cousin, le chevalier qui va combattre le vaillant seigneur écossais Thomas Qué, est
Jacques de Lalaing, le bon chevalier, celui qui fit il y a
quelques années ses débuts devant vous, sur le grand
marché de Gand. Vous vous rappelez sa prouesse.

C'était pendant un chapitre de la Toison d'Or. Un chevalier sicilien, Jean de Bonifazio, serviteur d'Alphonse roi d'Aragon, me demanda la permission de faire une entreprise d'armes. Fol comme vous de belles joutes et de prouesses, j'y consentis avec empressement d'autant plus que ce déduit me valait le plaisir de vous retenir un jour de plus en notre comté de Flandres.

LE DUC D'ORLÉANS.

Croyez, mon bien gracieux cousin, que si votre hospitalité fastueuse me confondait et m'éblouissait, alors comme aujourd'hui, elle me touche plus encore. Montjoie et Saint-Denis! il n'est point dans la chrétienté prince plus magnifique que le chef de la maison de Bourgogne. On s'imaginerait être à la cour de Monseigneur Jésus-Christ et de Madame Marie... Oui, je me rappelle ces fêtes incomparables... Parmi la fleur de votre chevalerie vous fîtes choix d'un preux et féal, le sire Jacques de Lalaing, pour combattre l'envoyé du roi d'Aragon.

PHILIPPE LE BON.

Ah, le choix était embarrassant, car tous mes gentilshommes s'offraient pour relever le défi courtois de l'étranger. A peine Jean de Bonifazio s'était-il montré à ma cour avec son gage d'entreprise, un carcan d'or attaché à la jambe gauche et soutenu par une chaîne, que ce fut à qui de mes valeureux Flamands toucherait le premier ce gage. J'étais harcelé par ces preudes et féaux servants. — Monseigneur, mon bon sire, préférez-moi pour affirmer à cet Italien la chevalerie des Flandres! — Lors, à la fois édifié et confondu par tant

d'émulation et de fièvre guerrière, mes regards s'arrè-
tèrent sur mon cher sire Jacques de Lalaing. Quoiqu'il
n'eut alors que vingt-quatre ans chacun l'aimait et
l'estimait au premier rang. Mes plus fiers barons
avaient des rivaux, lui seul n'avait pas son pareil.
Aussi n'eus-je qu'à prononcer son nom pour couper
court aux instances et aux obsessions des autres poursui-
vants. L'issue du combat demeura incertaine ou plutôt
il fut terminé au grand honneur des deux champions
qui n'avaient pas rompu moins de vingt-sept lances.
Ce fut un beau commencement de chevalerie pour le
sire Jacques de Lalaing.

LE DUC D'ORLÉANS.

Et l'épreuve d'aujourd'hui sera pour le moins aussi
brillante. Mais pourquoi n'a-t-il pas combattu en Angleterre?

PHILIPPE LE BON.

Il y avait publié une entreprise comme il avait fait
en France, en Castille, en Aragon et en Écosse. A
Londres on lui remontra qu'il agissait contre l'usage
et la loi du pays. Il répondit : « J'ai fait vœu de
publier mon entreprise dans la plupart des royaumes
chrétiens; si je demandais une permission qu'on
pourrait me refuser je m'exposerais à manquer à mon
vœu et à désobéir à une personne que je crains plus de
mécontenter que tous les rois du monde entier. » Ainsi
il continua à faire publier son entreprise, mais par
crainte du Roi personne ne se présenta. Comme il
venait de s'embarquer à Sandwich, Thomas Karr se
jeta dans un petit bateau, et abordant son vaisseau lui
demanda à le combattre, sinon en Angleterre du moins

en ma présence. Et voilà comme quoi j'ai fait dresser ici à Bruges, une lice pour ce combat. Mais, déjà les fanfares appellent les champions.

> (Les ducs s'asseient sur leur trône.)

TOISON D'OR.

Lacez ! Lacez !

> Entrée des tenants. Jacques de Lalaing est tout armé avec une cotte aux armoiries de sa maison et la visière levée. Il est suivi de ses écuyers, Adolphe de Clèves, seigneur de Ravenstein, le sire de Beaujean, le bâtard de Bourgogne. Clairons et tambourins.

TOISON D'OR.

Faites votre devoir !

> (Le combat à la hache s'engage. La foule manifeste ses impressions par des paroles et des cris.) (1)

— Courage ! Courage ! Flandre au Lion !

— Par Saint-Denis l'Écossais frappe des coups à fendre un roc !

— Dieu garde le jeune chevalier !

— Il tient bon ! Vivat !

— L'autre cherche toujours à l'atteindre au visage !

— Le plus grand est le chevalier flamand !

— La bonne vierge le protège !

> (Une sourdine de musique guerrière accompagne toute cette scène.)

— Leurs haches allument des éclairs !

— A présent le bon chevalier cherche à enfoncer le bout ferré de son bâton dans la visière de l'Écossais.

— Aïe ! Touché !

— Le Flamand est blessé !

---

(1) Nous avons emprunté les détails de cette scène aux *Mémoires de Messire Olivier de la Marche.*

— Où cela? Où cela?

— Mais à la main gauche! Le sang découle de son gantelet.

(Mouvement dans les tribunes. Tout le monde est
debout, pantelant. Les deux ducs s'avancent. Le
duc d'Orléans prend Philippe le Bon par le bras.)

LE DUC D'ORLÉANS.

Voyez donc, beau-frère, il n'a plus la force de soutenir son arme.

PHILIPPE.

Malheur! Elle lui échappe !

LE DUC D'ORLÉANS.

Sire duc, mon cousin, ne jetteriez-vous pas votre bâton dans la lice !

PHILIPPE.

Las, je ne le puis. Ah, mon cher chevalier, le plus aimé de mes preux !

LE DUC D'ORLÉANS

Eh bien, sauvez-le donc! Si vous ne voulez sa honte ou sa mort!...

PHILIPPE.

Non! Non! Je paraitrais partial contre l'étranger...

DES VOIX.

Courage, messire, notre cher sire, que Dieu vous aide!

D'AUTRES.

Il mourrait plutôt que de crier merci.

D'AUTRES.

O le courageux homme! Voilà qu'il a passé sa hache sous le bras gauche...

D'AUTRES.

Comme une femme porte sa quenouille.
Ah! il la dirige de la main droite.
Et il pare les coups avec le manche.

LE DUC D'ORLÉANS.

Le sang coule toujours de sa main blessée! Beau-
frère, on dirait qu'il vous fait signe.

DAMES (au duc de Bourgogne.)

Arrêtez le combat! Merci, merci, monseigneur!

LE DUC D'ORLÉANS.

Les entendez-vous?

PHILIPPE.

Je ferai mon devoir de juge jusqu'au bout.

> (Grand mouvement et exclamation de surprise. Ne
> pouvant plus soutenir ce combat inégal, Jacques
> pousse le bâton de sa hache entre le bras et le
> corps de son adversaire, et se jetant sur lui il
> soulève son bras blessé et le lui jette sur l'épaule
> tandis que de l'autre il le saisit par le bord de son
> casque, puis il tire avec force.)

VOIX.

Hardi! Hardi! Le bon chevalier! Flandre! Flandre!
Au Lion!

> (L'Écossais, lourdement armé, est entraîné en avant
> sans pouvoir se retenir, il tombe de son long, la
> visière dans le sable. Silence angoissé puis déchaî-
> nement de cris :

Victoire! Victoire! Gloire au sire Jacques! Noël!

> Jacques de Lalaing se présente devant son juge. Les
> hérauts relèvent l'Écossais. Philippe le Bon et le
> duc d'Orléans embrassent le vainqueur.

TROISIÈME TABLEAU

FANTAISIE VÉNITIENNE

COMMENCEMENT DU XVIᵉ SIÈCLE

TROISIÈME TABLEAU

FANTAISIE VÉNITIENNE

COMMENCEMENT DU XVIᵉ SIÈCLE

FABIO et LORENZO, gentilshommes vénitiens; AMINTA;
CORINNE; PETRUCCIO, serviteur de Lorenzo; BEPPO,
serviteur de Fabio; GONDOLIERS; MASQUES; MUSI-
CIENS; PORTEURS DE TORCHES.

La scène se passe à Venise, la nuit. Le Lido. Au fond un
canal. Au devant, à gauche, l'entrée d'un casino illuminé où a lieu
un bal. Musique de danse lointaine et vague qui cesse parfois pour
faire place à des barcarolles sans accompagnement. Deux gondoles
abordent en même temps. Fabio, richement costumé, descend de
la première donnant le bras à Aminta, sa maîtresse. De la
seconde débarquent Lorenzo et sa maîtresse Corinne. Cohue et
mouvement.

UN SERVITEUR DE FABIO.

Place au signor Fabio !

UN SERVITEUR DE LORENZO.

Place au signor Lorenzo !

Les deux couples sont passés et entrent dans le
casino. Les deux valets s'invectivent.

LE SERVITEUR DE LORENZO.

Tu aurais bien pu laisser passer d'abord notre très
noble maître.

LE SERVITEUR DE FABIO.

Le comte Fabio a le pas sur tous les patriciens de

Venise, et tu vois bien que ton maître l'a compris tout le premier. Serais-tu plus exigeant que lui-même?

LE SERVITEUR DE LORENZO.

Ton maître n'a fait qu'abuser de la courtoisie du mien, maraud!

LE SERVITEUR DE FABIO.

Belitre!

> Bousculade. Les deux partis en viennent aux prises. Petruccio et Beppo dégaînent. Combat des dagues et des manteaux.
> Le serviteur de Lorenzo a le dessous. Au bruit les deux seigneurs sortent du casino.

UN AMI DE FABIO (à celui-ci).

Regardez là, signor! Corpo di Dio je crois que votre fidèle Beppo a reçu son compte. Holà! il serait malséant de ne pas vous mesurer avec le maître de son meurtrier.

LORENZO (a fait un geste de défi et s'est mis en garde).

FABIO (même jeu).

(Combat aux deux épées).

QUATRIÈME TABLEAU

UNE AVENTURE D'ALEXANDRE FARNÈSE

XVIᵉ SIÈCLE

QUATRIÈME TABLEAU

UNE AVENTURE D'ALEXANDRE FARNÈSE

XVIᵉ SIÈCLE

PERSONNAGES :

ALEXANDRE FARNÈSE ; MATTEO IL BIRBONE, escrimeur coupe-jarrets ; STEFANO, un valet du duc ; BENITO, tavernier ; CARACCIO, PEPINO, JAGO ; COUPE-JARRETS ; BUVEURS ; OFFICIER DU GUET ; SOLDATS.

La scène se passe à Plaisance. Le décor : un carrefour de quartier borgne. Une taverne ou plutôt une sorte de bouge à l'enseigne *Cavallo Nero*. Le soir. Au lever du rideau, des buveurs attablés boivent en chantant en chœur.

STEFANO (déguisé en gentilhomme).

Singulière commission dont m'a chargé mon maître. Quel batailleur que ce jeune duc de Parme ! Jamais de repos. La paix est sa pire ennemie. Il a perdu sa journée s'il n'a pas gratifié le prochain de quelque sanglante estafilade. Les belles lames des seigneurs et des officiers de sa cour ne suffisant plus à contenter sa *furia*, voilà qu'il aspire à présent à se mesurer avec les escrimeurs discourtois, avec les ruffianis et les bravi. Cela sous prétexte de faire justice, de purger les rues de cette engeance abominable. Il épargnera de la besogne au bourreau. Combien en a-t-il déjà étendu sur le carreau, de ces sacripants au service des maris jaloux et des rivaux en amour qui vous expédient un chrétien pour quelques écus d'or ! Ah, Santa Madre, corpo di Baco, quel massacre ! Il a juré de ne déposer sa rapière que lorsqu'il aura frappé le chef de ces mécréants, Matteo il Birbone. C'est égal. Il fait beaucoup d'honneur à cette engeance en leur épargnant la hart pour les passer au fil de sa noble épée ! La chose amusante c'est que dans le monde des coupe-jarrets tous ignorent le nom du redoutable bretteur qui les poursuit de sa flambe vengeresse. Une sainte terreur s'est même emparée d'eux ! Ils s'imaginent avoir affaire à un envoyé du ciel même, à saint Georges ou à l'archange Michel !

Pour en finir, le jeune duc a décidé de dépêcher le Birbone et cela ce soir même. C'est ici que le roi des bravi et ses affidés ont leur repaire. A l'auberge du *Cavallo Vero*. Une enseigne en fer forgé ! Maison aux murs délabrés, deux fenêtres, une porte basse, c'est bien cela... Holà, tavernier ! Hola ! (Il s'assied au dehors et bat violemment la table du pommeau de sa dague.)

BENITO.

Quel tapage ! Ètes-vous ivre pour vacarmer ainsi ! (après avoir dévisagé Stephano) Excusez seigneur. Je vous prenais pour un de ces drôles qui terrorisent les paisibles bourgeois de la ville de Plaisance. Qu'y a-t-il à votre service ?

STEFANO.

(à part)

Ah, le paisible bourgeois, le vertueux citoyen que ce Benito ! A voir sa figure poupine et papelarde, confite en dévotion, on ne se douterait jamais des petites peccadiles qu'il a sur la conscience ! (Haut) Pour le faire court, mon compère, voici ce qui m'amène. Tu passes pour

l'ami du signor Matteo. C'est dans ta boutique d'em-
poisonneur qu'il a coutume de recevoir ses clients.
J'aurai besoin de ses services ce soir même. Veux-tu me
mettre en rapport avec lui?

BENITO,

Le signor Matteo n'est pas encore ici, mais en attendant je vous présenterai son lieutenant, son bras droit,
le Carraccio, avec qui vous pouvez traiter en toute
confiance. (il hèle quelqu'un à l'intérieur du bouge) Hé Carraccio, viens ici, un seigneur te demande!

Les Précédents, CARRACCIO. (longue révérence).

STEFANO.

Vous appartenez au célèbre capitaine Matteo. Mes
félicitations profondes. Voulez-vous, avec lui, me débar-
rasser d'un gêneur!

CARACCIO.

A vos ordres, signor. Mais est-il besoin de déranger
pour cela notre chef. Nous sommes trois ici qui avons
l'habitude de ces... opérations. Hé Pépino!... Jago
(Les deux autres malandrins accourent)... Voici mes aides,
pour vous servir...

STEFANO.

De solides ruffianis, ma foi. Mais crois-moi, il Birbone ne sera pas de trop. Car mon homme, *una prima
spada*, pourra vous donner quelque besogne. C'était mon
ami intime. Ma femme est jolie. Vous devinez le reste...
Ayant découvert leur trahison j'ai fait écrire par ma
femme une lettre à son complice. Il doit se rendre ici
croyant trouver la belle. Tu le reconnaitras à sa haute

taille, à sa cape noire, à la plume blanche de son chapeau.

CARACCIO.

Et le prix... Vous savez le tarif...

STEFANO (lui remet une bourse)

Voici quatre cents ducats vous en aurez autant sitôt que vous aurez envoyé notre larron d'honneur ad patres... Au revoir. L'heure approche. Je vous attendrai, ici, chez Benito. (Il se retire dans le bouge).

CARACCIO (à ses compagnons en enfilant une ruelle pour se mettre en embuscade).

Si vous m'en croyez, vous autres, nous ne dérangerons pas Mattéo.

> La scène reste vide quelque temps ; musique, en sourdine, comme de sérénades lointaines.
> Alexandre Farnèse débouche devant la taverne de Bénito; aussitôt les trois bravi surgissent l'épée à la main en hurlant : « A mort ! A mort! »
> (Longue scène d'escrime.)

CARACCIO (frappé mortellement).

Matteo ! Matteo ! A moi ! Au secours !
(Il expire.)

> Pepino et Jago prennent la fuite.
> Alexandre Farnèse ramasse son épée et veut s'éloigner, mais Matteo Il Birbone apparait et lui barre le passage.

ALEXANDRE (riant).

Quoi, tout seul? Ah, ah !
Ils combattent.) Ce combat se fait avec épées à deux tranchants et dagues.
> Un coup de temps, (Mezzo Tempo) de Farnèse étend le bravo par terre.

BENITO (se précipite avec une lanterne sourde).

Accidente ! Au meurtre ! Au meurtre !

ENTRE L'OFFICIER ET LES SOLDATS DU GUET.

(L'officier du guet examinant le théâtre de l'action.)
Rien que deux cadavres ! Allons, encore de la besogne
du capitaine Mattéo ! Arrêtez cet homme ! (désignant Farnèse.)

STEFANO.

Inutile d'arrêter le capitaine Matteo. Regardez bien !
Le voilà couché par terre...

L'OFFICIER DU GUET.

Lui-même ! Impossible... Et pourtant ! Mais il n'avait
jamais rencontré son maitre, en Italie..., donc sur la
terre... Oui, un seul eût été capable de le vaincre... le
fils de notre duc Ottavio, monseigneur Alexandre Farnèse... ou bien les archanges du paradis !...

STEFANO.

Je parie pour le jeune duc !

L'OFFICIER DU GUET.

En attendant, arrêtez cet homme...
(Au moment où ils vont mettre la main sur le duc
celui-ci se démasque.)

TOUS.

Ciel ! Le prince Alexandre !

Les soldats s'inclinent. (*Rideau.*)

CINQUIÈME TABLEAU

SOUS HENRI III

A. D. 15..

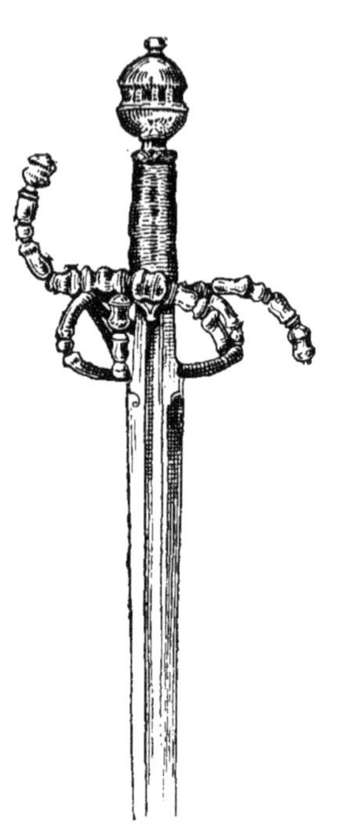

CINQUIÈME TABLEAU

SOUS HENRI III

A. D. 15..

PERSONNAGES :

CHARLES DE MAULÉON, HECTOR DE CROSSÉ-BIRAGUE,
GABRIEL DE SABRAN, du parti royal; CLÉMENT DE
TIÈGES, JEAN DE PRADINE, AGRIPPA DE NANCY, du
parti des Guise.

La scène se passe dans une cour du Louvre. Galeries couvertes.
Parterres de fleurs à l'italienne. Tandis que les personnages cités
et d'autres encore se livrent aux jeux de l'époque, Gabriel de Sabran
accourt, essouflé, en proie à une violente agitation :

GABRIEL DE SABRAN.

Alerte! Mort! Sang! Feu! Eh bien, vous autres, cela
ne vous passionne pas plus que cela ? (Tous s'approchent
de Gabriel et l'entourent).

TOUS.

Eh bien, quoi? Que signifie cette entrée de crieur
public ?

GABRIEL DE SABRAN.

Mais vous ne savez donc rien. Tombez-vous du
Béarn et de la Navarre? Cette nuit, s'est vidée la
querelle survenue l'autre soir à propos de dames entre
MM. d'Entragues et Quélus...

4

AGRIPPA.

La belle affaire ! On se bat tous les jours et on en meurt quelquefois. Dis-nous duquel faut-il porter le deuil ! Puis nous continuons la partie...

GABRIEL.

Peste, Agrippa, quelle insouciance ! Il ne s'agit pas d'un simple duel, mais d'une vraie boucherie, d'un massacre.

AGRIPPA.

D'une nouvelle Saint-Barthélémy, alors...

CLÉMENT DE TIÈGES.

Mais, tais-toi donc, Agrippa. Laisse Gabriel nous conter cette chose rarissime...

GABRIEL.

La rencontre a eu lieu ce matin à cinq heures, à la porte Saint-Honoré, derrière le parc des Tournelles. Les seconds de Quélus étaient Rivarot et Maugiron, ceux d'Entragues, Ribérac et Schomberg. Le combat était engagé depuis quelques secondes et les adversaires s'escrimaient avec une férocité alarmante lorsque Maugiron dit à Ribérac : « Il me semble que nous devrions plutôt accorder ces deux gentilshommes que de les laisser entre-tuer. » A quoi Ribérac répond : « Au contraire. J'ai plutôt envie d'en faire autant. Je ne suis pas venu ici pour enfiler des perles, je me veux battre ! (1)

— Et à qui veux-tu te battre ? fait Maugiron. Tu n'as point d'intérêt en la querelle. — C'est à toi ! répond

____

(1) Les éléments de ce récit sont empruntés à Brantôme.

Ribérac. — A moi! s'écrie l'autre. Prions donc, Dieu. Aussitôt Ribérac croise son épée avec son poignard, se jette à genoux, et fait une prière assez courte mais que le bouillant Maugiron trouve encore trop longue. Piqué au jeu Ribérac se relève vaillamment et fond sur son adversaire. Ils mettent une telle impétuosité à jouer de l'épée que tous deux tombent mortellement blessés. Maugiron, expire en blasphémant.

Honteux de rester là les bras ballants Schomberg et Livarot s'étaient alignés à leur tour. Voilà que l'Allemand enlève la moitié de la joue gauche de Livarot qui riposte d'une violente estocade. Schomberg, blessé à mort, ne se relèvera plus.

Ah! monsieur de Nancy, vous ne plaisantez plus... Combien de morts vous faut-il pour que la chose soit sérieuse? Avez-vous votre compte? Oui? Eh bien, la liste n'est pas close, je n'ai pas fini. La tuerie revêtait un caractère plus déplorable encore entre les deux principaux adversaires.

Dans une parade, Quélus avait reçu un coup de dague à la main gauche. — Tu as une dague! dit-il à l'autre, et moi je n'en ai pas. D'Entragues de riposter : « Tu as donc mal fait de la laisser en ton logis, aussi bien ne sommes-nous pas ici pour pointiller des armes. Défends-toi, si tu ne veux que je te tue... »

CHARLES DE MAULÉON et HECTOR DE CROSSÉ.

Fi le coupe-jarrets!

CLÉMENT DE TIÈGES.

Il voulait rire pour sûr.

GABRIEL.

Il a ri si bien qu'il a porté dix-neuf coups de dague

au pauvre Quélus... Oui, dix-neuf coups, messieurs !
A un adversaire déjà blessé et désarmé.

MAULÉON.

Mais c'est une infamie !

CROSSÉ.

Et les seconds ne s'interposaient pas.

GABRIEL.

Tu viens d'entendre qu'ils étaient trop occupés pour
leur compte. Il y en avait déjà d'expédiés.

DE TIÈGES.

Mensonge que tout cela. M. d'Entragues n'a pu
s'acharner ainsi.

GABRIEL.

Je tiens le récit de Livarot, le seul, avec d'Entragues,
qui soit sorti à peu près sauf de cette triple rencontre.
Riberac est à la mort... Quélus a été transporté à l'hôtel
Boissi où le roi ne quitte plus son chevet.

AGRIPPA (avec enthousiasme).

Eh bien moi, je regrette de ne pas avoir été de la
partie.

MAULÉON.

Qu'à cela ne tienne. Je suis à votre disposition.

JEAN DE PRADINE.

A merveille. Monsieur de Crossé, le poignet ne vous
démange-t-il pas ?

DE CROSSÉ.

Je tiens de quoi empêcher que le vôtre vous chatouille
plus longtemps.

DE PRADINE.

Quand vous voudrez, mon cher comte.

GABRIEL à De Tièges.

Il ne nous reste plus qu'à faire, comme ces messieurs.

DE TIÈGES.

J'allais vous le proposer.

GABRIEL.

En garde! Alors.

UN GENTILHOMME accourant :

Le Roi! Le Roi!

> Ils s'arrètent et prennent une attitude indifférente et se portent vers Henri III.
> Puis, après une pause, les seigneurs rentrent en scène et le combat a lieu.

SIXIÈME TABLEAU

CHAIR A CORBEAUX

A. D. 1630

SIXIÈME TABLEAU

CHAIR A CORBEAUX

A. D. 1630

PERSONNAGES :

BRICHANTEAU, GASSÉ, ROCHEBARON, BOUCHA-VANNES, VILLEQUIER, SAINTRAILLES, UN CRIEUR PUBLIC, UN CAPITAINE QUARTENIER, ARCHERS, PEUPLE, ETC.

Une rue à Compiègne sous Louis XIII. Des seigneurs et des officiers attablés à la porte d'un cabaret, fumant, buvant et jouant aux dés.

BRICHANTEAU, se levant, à Gassé qui entre.

Gassé !

Ils se serrent la main.

Tu viens joindre le régiment ! Autant dire que tu viens t'enterrer. Et quelles nouvelles à Paris ? (1)

GASSÉ.

Toujours nombre de duels. D'Angennes s'est battu le trois contre Arquilos qui contestait la valeur de ses dentelles, Lavardin s'est rencontré le dix avec Pons pour lui avoir soufflé sa maîtresse. Le douze Nogent a provoqué Lachatre qui avait mal écrit trois vers de Colletet. Gorde s'est même battu avec Margaillan pour

---

1) Pour cette scène l'auteur s'est inspiré en partie de *Marion Delorme*.

l'heure qu'il était, d'Humière avec Gondi pour le pas à l'Église, et tous les Soubise contre tous les Brissac à propos d'un pari, enfin Latournelle avec Caussade pour rien, pour le simple plaisir. Seulement Caussade a tué Latournelle.

BRICHANTEAU.

On prête cependant au Roi l'intention de sévir car le cardinal est furieux et veut un prompt remède au mal...

GASSÉ.

Ah! Que vient faire ce peuple ici? Le crieur! Écoutons son patenôtre.

LE CRIEUR PUBLIC.

Ordonnance. — Louis par la grâce de Dieu, roi de France et de Navarre, à tous présent et à venir salut, Ayant considéré que malgré les écrits signés des rois nos ancêtres pour exterminer le duel, ces rencontres sont plus nombreuses que jamais aujourd'hui, ordonnons et mandons que désormais les duellistes, quelle que soit l'issue du combat, seront pendus haut et court. Et, pour que l'édit ait plus de vertu, nous renonçons à notre droit de grâce.

(Signé) : LOUIS (Plus bas) : RICHELIEU.

Indignation parmi les gentilshommes.

BRICHANTEAU

Nous, pendus comme des larrons !

Deux valets de ville attachent l'écriteau à une potence
en fer qui sort d'un mur à droite.

GASSÉ.

C'est impossible. Où trouvera-t-on la corde pour

pendre un gentilhomme. Morbleu, je grille de mettre flamberge au vent. Le duel était bon, mais le duel défendu serait meilleur encore.

BRICHANTEAU.

Gassé, si nous mêlions notre sang?

ROCHEBARON.

Quelle plaisanterie!... Mais j'y songe, mon amie m'a demandé de la corde de pendu !

BOUCHAVANNES.

Messieurs, j'approuve aussi l'idée de faire la nique à ce croquant de cardinal, mais j'ai autre chose à vous proposer. Comme nous ne pouvons nous battre, ou si vous l'aimez mieux, nous faire pendre tous, tirons au sort et que les deux perdants s'alignent.

GASSÉ.

Perdre ainsi, c'est jouer à qui perd gagne !

ROCHEBARON.

Quelle nostalgie patibulaire, mon cher comte !

GASSÉ.

Rochebaron, tu crois donc cet édit sérieux...

ROCHEBARON.

Tout est sérieux de la part du cardinal. Si Louis XIII se battait, Richelieu est homme à le faire pendre !

BRICHANTEAU.

Eh bien, messieurs, acceptons-nous la proposition de Bouchavannes?

TOUS.

Oui, oui.

ROCHEBARON.

En bon camarade je ne puis faire autrement que
d'aller me faire pendre avec vous...

(On joue aux dés.)

GASSÉ.

Trois et deux... Villequier et Saintrailles ont
perdu... En garde, messieurs...

BRICHANTEAU.

Mais où les mettre ?

BOUCHEDANNES.

Sous ce réverbère, à l'ombre même de l'édit...

ROCHEBARON.

Oui, c'est le cas de le dire, car cet édit va les mettre à
l'ombre...

GASSÉ.

Tu es spirituel quoique sinistre, Rochebaron...
Allons, les bretteurs...

(Villequier et Saintrailles croisent le fer et ferraillent
pied à pied, en silence et avec fureur. Les autres
officiers et quelques badauds assistent au combat,
soudain on crie : « A la garde ! »
Entrent des archers commandés par un capitaine
quartenier.

LE CAPITAINE.

Arrêtez ! Pasquedieu ! C'est fort. Venir se battre en
duel sous la lanterne même de l'édit ! Des officiers du
Roi ! Quel exemple. (aux deux combattants) Rendez-
vous !... (Les archers les emmènent.)

ROCHEBARON (à l'officier).

Qu'allez-vous faire de ces gentilshommes ?

LE CAPITAINE.

Moi, rien. Ils appartiennent au prévôt.

GASSÉ.

Qui en fera ?

LE CAPITAINE.

De la chair à corbeaux...

BRICHANTEAU.

Mais alors, c'était donc sérieux.

LE CAPITAINE.

Morguienne, demandez-le aux sires de Mortagne et de Tabaran qu'on a pendus hier en plein Paris...

(Rideau.

SEPTIÈME TABLEAU

UN DUEL CHEZ LA CAMARGO

SEPTIÈME TABLEAU

UN DUEL CHEZ LA CAMARGO

PERSONNAGES :

PIERROT; LE MARQUIS; L'ABBÉ; ARLEQUIN; CLITANDRE; AMINTE; CAMARGO; COLOMBINE; CYDALISE.

Le parc d'un château à la fin du règne de Louis XV. Boulingrins et quinconces. Les futaies et les pelouses comme poudrées à blanc par le clair de lune. Marquis, marquises, personnages bergamasques détachés d'un Watteau. Des couples vont et viennent avec les grâces spécieuses et allanguies des amoureux estompés dans les *Fêtes Galantes* de Paul Verlaine. Jets d'eau. Menuet au fond de la scène accompagné par une musique dont les harmonies semblent tamisées, ainsi qu'une lumière équivoque, par les feuillages qu'elles traverse. A l'avant-plan, des convives attablés boivent ou jouent.

LE MARQUIS.

Tu divagues, l'abbé.

L'ABBÉ.

Et toi, marquis, tu mets ta perruque de travers...

CYDALISE.

Ce vin de Chypre est exquis.

LE MARQUIS, lui cueillant un baiser.

Belle Cydalise, il l'est moins que votre nuque ! (1)

(1) Voir les *Fêtes Galantes* de Verlaine.

COLOMBINE, passant au bras d'Arlequin,
à Pierrot qu'elle touche de l'éventail.

Pierrot! Monsieur mon mari! Veux-tu bien finir! Fi le gourmand! Il vient de vider un flacon et de dévorer un pâté tout entier...

PIERROT.

O trois fois infidèle Colombine, c'est une façon de dévorer ma honte... Que ne puis-je monnayer ma fatidique marraine, la Lune, pour te donner cet or sans lequel tu refuses l'amour! (Colombine s'éloigne en riant.)

LA CAMARGO.

Allons, messieurs, faites votre jeu... Écoute ici, Pierrot. (Elle l'entraîne à l'écart.) Je suis riche et te veux du bien. Traite-moi en amie. Tu ne me devras rien, pas même une étincelle de l'amour qui continue à t'enflammer pour ta volage Colombine... Elle est au plus offrant. Cette bourse contient deux mille pistoles. Avec le double de cette somme tu soufflerais ta maîtresse à ce fat d'Arlequin... Bonne chance! (Elle va à d'autres invités.)

PIERROT.

Ah providentielle Camargo! Voilà de l'hospitalité absolue! (Il s'approche de la table de jeu.) Holà! deux mille pistoles en trois coups de dés!

LE MARQUIS.

Je tiens l'enjeu.

CYDALISE.

Clitandre, parie donc pour le marquis.

CAMARGO.

Et toi, Aminte, pour Pierrot.

LE MARQUIS.

Au proposant l'avantage !

PIERROT, remue les dés dans le cor-
net, et les jette sur le tapis.

Six et trois... A ton tour marquis...

LE MARQUIS, même jeu,

Deux et as.

(Il repasse les dés à Pierrot.)

L'ABBÉ.

Quatre et deux ! La Fortune te sourit, Pierrot... Mais
heureux au jeu...

LE MARQUIS.

A moi... Tous les cinq...

LA CAMARGO.

Attention, Pierrot, tu n'as plus que deux points
d'avance.

PIERROT (joue fébrilement).

Ah !... Six et trois !... Marquis, tu me devras deux
mille pistoles..

LE MARQUIS.

Tous les six ! (Il ramasse rapidement les dés.)

PIERROT.

Pardon, monsieur... N'auriez-vous pas aidé à la
chance ?

LE MARQUIS.

Vous voulez dire, monsieur...

PIERROT.

Pas de paroles inutiles... Vous comprenez...

LE MARQUIS.

En ce cas...

PIERROT.

Oui, sur l'heure... Une épée!

ARLEQUIN.

Voici la mienne... De la part de Colombine...

CAMARGO (s'interposant).

Ici, chez moi, messieurs, y pensez-vous?

L'ABBÉ (la repousse doucement).

Hé quoi! Laissez faire. C'est du dernier galant. Ni
le saint Huberti, ni la Duclos n'ont encore offert sem-
blable impromptu à leurs invités. Elles en crèveront de
dépit. (Les danseuses du menuet s'arrêtent; les musiciens font
silence.) Ohé les violons, une gavotte pour ces nouveaux
danseurs. (Commencement de gavotte.)

(Pierrot et le marquis s'éloignent en ferraillant.)
(Après une pantomime de défi, Aminte et Clitandre
mettent aussi la main à l'épée.)

CAMARGO.

Bon! Voilà les parieurs qui s'en mêlent! Messieurs,
de grâce...

L'ABBÉ.

Laissez faire, vous dis-je!...

(Aminte et Clitandre : escrime, école d'Angelo, salut
de chapeau, poses, passes, élégance raffinée et un
coup d'épée donné avec une grâce parfaite met
Clitandre hors de combat.
Cri dans la coulisse. On emporte Pierrot, tué, au
fond de la scène.
Camargo, Cydalise, Colombine se précipitent de ce
côté.)

Mort! Pierrot est mort!

L'ABBÉ (se frottant les mains).

Deux duels... Un blessé... un mort... Que de choses à raconter dans la gazette et dans les salons... Vite, au *Mercure de France...*

(Rideau.)

HUITIÈME TABLEAU

LA CHEVALIÈRE D'EON

HUITIÈME TABLEAU

LA CHEVALIÈRE D'EON

PERSONNAGES :

LA CHEVALIÈRE D'EON, LE CHEVALIER DE SAINT-
GEORGES, LE PRINCE DE GALLES, LORD BROUG-
HAM, LADY WATSLEY, SIR HORACE TYNDALL,
LORDS, BARONNETS, DAMES, OFFICIERS.

A Londres chez Lord Brougham, le 9 avril 1787. Riche salon
orné de trophées et de panoplies.

SIR HORACE TYNDALL.

C'est donc ici que va se livrer ce fameux assaut, le
seul sujet d'entretien à la cour comme à la ville, entre
la chevalière d'Eon et le chevalier de Saint-Georges...

LORD BROUGHAM.

Oui, tout ce qui sait tenir une épée et même tout ce
qui brigue l'honneur d'en tenir une se passionne pour
le combat annoncé. Des paris énormes sont ouverts,
tout comme il y a une bonne quinzaine d'années on
pariait sur la question délicate de savoir s'il fallait,
— comment dirai-je — appeler l'agent diplomatique de
Louis XV la chevalière d'Eon ou le chevalier d'Eon ..

LADY WATSLEY.

L'énigme est-elle résolue...

LORD BROUGHAM.

Non, les paris restent ouverts. Le piquant de ce mystère c'est que lorsque notre hôte portait des vêtements d'homme, il faisait songer à une femme et qu'à présent, vêtu en demoiselle, on dirait souvent un cavalier travesti, d'autant plus qu'il mêle toujours quelque chose du vêtement masculin aux cotillons de la bachelette!... Je disais que les paris restent ouverts : oui, mais on ne parie plus que secrètement car s'il y a lieu de douter du sexe de cet être humain, son courage, un courage vraiment viril, prouvé dans mille circonstances, entr'autres aux batailles d'Hoenster, Ulltrop, Meinloss et Osterwick, et sa force à l'escrime, sont depuis longtemps aussi renommés que son génie diplomatique. Il en a même coûté autrefois aux parieurs. D'Eon ayant appris qu'à la Bourse et aux différents cafés voisins, où l'on faisait les spéculations et les agiotages de toutes les couleurs on avait levé une assurance impertinente sur son sexe, se rendit dans ces divers établissements et là, en uniforme de capitaine de dragons, la canne levée, il se fit demander pardon par le banquier Bird, qui le premier avait levé cette indiscrète assurance (1). Il défia ensuite le plus incrédule, ou le plus brave, ou le plus insolent de l'assemblée, qui allait à plusieurs mille personnes, de combattre contre lui avec telle arme qu'il voudrait choisir. Eh bien, il est assez humiliant de le constater pour nous autres Anglais, mais tout ce monde fit de grandes politesses au provocateur et pas un seul

(1) Ce passage est emprunté à une lettre même de d'Eon, envoyée à M. le comte de Broglie et publiée par Gaillardet dans ses intéressants mémoires sur la chevalière d'Eon.

n'osa ni parier contre sa canne ni combattre contre lui,
quoiqu'il restât deux heures à leur disposition, pour
leur donner tout temps de se déterminer entre eux et
qu'il eut fini par leur laisser publiquement son adresse.
J'allais oublier de vous dire que le banquier Bird ra-
conta à d'Eon qu'il avait été autorisé par une grande
dame — il n'a jamais voulu la nommer — à faire une
telle assurance.

LADY WATSLEY.

Oh, l'invention est charmante!...

LORD BROUGHAM.

Pardon, je n'invente rien. Il y a mieux : Miss Wilkes,
la propre fille du député aux communes et lord maire
de Londres, écrivit à d'Eon pour savoir s'il était vérita-
blement une femme, comme chacun l'assurait alors, ou
bien un homme comme on paraît le croire aujourd'hui...

LADY WATSLEY.

Et que répondit d'Eon?

LORD BROUGHAM.

Il gratifia sans doute la jeune curieuse d'un madrigal
à la fois caustique et galant, car ce diable de personnage
s'escrime aussi bien de la langue et de la plume que de
l'épée..., sans parler de la canne dont il jouait avec une
dextérité non moins redoutable et qu'il cassa sur le dos
de deux croquants avec lesquels n'eut été de mise ni une
joute d'esprit ni une joute d'escrime!...

LADY WATSLEY.

Le captivant personnage! Vrai, je m'explique la
curiosité de Miss Wilkes et j'ai hâte surtout de voir qui

des deux l'emportera aux armes, de *lui*, je préfère dire de *lui*, ou de Saint Georges...

LORD BROUGHAM.

Votre impatience sera promptement calmée car voici Son Altesse Royale le prince de Galles, et les deux princes de l'épée.

> La chevalière d'Eon (la croix de Saint Louis sur la poitrine). Le chevalier de Saint Georges, le prince de Galles.
>
> (Présentations. Préliminaires. L'assaut commence. Sept fois Saint Georges est atteint par sa *rivale*. Après sa victoire, d'Eon passe sous la *voûte d'acier*, c'est-à-dire les fers croisés de tous les assistants qui l'acclament.)

NEUVIÈME TABLEAU

UNE SALLE D'ARMES SOUS LA RESTAURATION

NEUVIÈME TABLEAU

UNE SALLE D'ARMES SOUS LA RESTAURATION

PERSONNAGES :

BUSSEMPRÉ, TAILLADE, prévots d'armes ; MORTADRESSE,
DES CHAMBRANS, LOUVINNE, sous-officiers.

Escrimeurs, prévots d'armes, sous-officiers, etc. Deux sous-
officiers terminent un assaut au sabre.

LOUVINNE.

Touché, Mortadresse... Le compte y est ! Bravo, Des
Chambrans... Mais cela n'a pas été sans peine, hein,
gaillard ? (L'assemblée applaudit,)

DES CHAMBRANS. (ôtant son masque et s'épongeant.)

Bigre ! Je dirai même que l'affaire a été chaude.
(Il tend la main)

MORTADRESSE. (un peu dépité, serrant la main de Des
Chambrans)

Peuh !... Nous sommes en effet de la même force ; ce
qui veut dire d'une bonne moyenne. Il n'y a pas lieu de
tant nous vanter...

DES CHAMBRANS.

Voilà, Mortadresse qui joue la fleur de modestie...

LOUVINNE.

Dame! Le rôle lui sied mieux qu'à toi, mon vieux,
puisqu'il a été vaincu.

MORTADRESSE.

Ah, parlez-nous de Bussempré. En voilà de l'escrime,
en voilà une lame! C'est notre maître à tous... Oui,
Des Chambrans toi comme moi, nous ne sommes que
des mazettes comparés à ce lapin-là...

DES CHAMBRANS.

Comme tu y vas, mon bon! Sans doute le prévôt
d'armes du « Royal-Lavalette » nous mettrait vite hors
de combat, mais je crois le prévôt du « Rohan-Mont-
morency » encore plus fort que lui!

MORTADRESSE.

Taillade! Ah non, tu veux rire! (Récris d'approbation ou
d'improbation.)
Heu! Heu!... Par exemple!... Ma fine!

LOUVINNE.

Eh bien, comme Des Chambrans j'opterais pour
Taillade...

UNE VOIX.

Et moi je suis de l'avis de Mortadresse... Le plus
fort est Bussempré...

UNE AUTRE.

Non, le plus fort est Taillade...

LOUVINNE.

Messieurs, cette disscussion n'aboutira jamais... Une
épreuve seule nous mettrait d'accord. Ah si nous pou-
vions mettre les deux champions en présence...

MORTADRESSE.

C'est une idée!

LOUVINNE.

Crois-tu que les deux maîtres se prêtent à ce tournoi de courtoisie...

DES CHAMBRANS.

Taillade ne demandera pas mieux...

MORTADRESSE.

Et je crois pouvoir répondre de mon ami Bussem-pré...

LOUVINNE.

A merveille!... Et si la chose se faisait sans retard, sur l'heure...

DES CHAMBRANS (consultant l'horloge).

Midi. A ce moment Bussempré n'a pas encore quitté la salle Saint-Marc...

MORTADRESSE.

Et sous prétexte de se mettre en appétit, Taillade est encore en train de déguster son quatrième kirschwasser à la « Rotonde ».

LOUVINNE.

Ni la salle Saint-Marc, ni la Rotonde ne sont loin d'ici. Eh bien, si nous faisions quérir ces messieurs?

UN SOUS-OFFICIER.

Je cours à la Rotonde.

UN AUTRE.

Accordez-moi cinq minutes. Et je me charge de vous amener Bussempré.

MORTADRESSE.

Mon brave Des Chambrans, je gage mes épées de combat que le vainqueur sera l'invincible Bussempré.

DES CHAMBRANS.

Je jure de ne plus toucher une lame de ma vie, si Taillade ne le bat à plate couture...

LOUVINNE.

Et si Taillade succombe je vous invite tous à un souper monstre pour enterrer dignement la vie d'escrimeur de notre camarade Des Chambrans...

TOUS.

Bravo! Bravo! Louvinne!

MORTADRESSE.

A la bonne heure! Voici déjà mes hommes! Hourrah! Honneur à tous deux en attendant que l'un ou l'autre règne sans partage sur le noble domaine des armes...

TOUS.

Hourrah !

Bussempré et Taillade mettent leurs masques et leurs gants et l'assaut commence.

DIXIÈME TABLEAU

Conclusion décorative et apothéotique. Glorification de l'escrime moderne. La salle d'armes devenue une académie de bon ton, de cordialité et de véritable politesse sans mesquine susceptibilité. L'arme, maniée avec élégance et courtoisie, est avant tout un élément de sport.

www.ingramcontent.com/pod-product-compliance
Ingram Content Group UK Ltd.
Pitfield, Milton Keynes, MK11 3LW, UK
UKHW020343180726
13839UKWH00002B/876